François Ayroles

Notes Mésopotamiennes

L'Association

Collection Mimolette

1 - Matt Konture - Krokrodile Comix II
2 - Julie Doucet - Monkey and the Living Dead
3 - Lewis Trondheim - Genèses Apocalyptiques
4 - David B. - Les Incidents de la Nuit
5 - Matt Konture - Tombe (la Veste ?)
6 - Mattioli - Awop-Bop-Aloobop Alop-Bam-Boom
7 - Mahler - Lone Racer
8 - Denis Bourdaud - Les Vagues Différentes
9 - François Ayroles - Notes Mésopotamiennes
10 - Étienne Lécroart - Cercle Vicieux
11 - Joann Sfar - Pascin tome 1

Achevé d'imprimer en mars 2000
par Expressions, 75011 Paris
Dépôt légal 2ème trimestre 2000
ISBN 2-84414-037-8

L'Association
16, rue de la Pierre-Levée, 75011 Paris
Tel. 01 43 55 85 87
Fax 01 43 55 86 21

L'Auteur tient à remercier le Centre National du Livre pour son aide.

La voie ferrée trace une frontière entre deux paysages contrastés.

On dirait que, de chaque côté du wagon, des écrans proposent des programmes très différents.

Tandis que le temps se gâte à tribord...

... l'autre bordée bénéficie de la grâce d'un micro-climat.

Certains voyageurs semblent observer un monde qui leur est étranger.

Le train arrive en gare. De quel côté se fera la descente?

Depuis plusieurs jours, un mystérieux aérostat flottant au-dessus de la ville suscite toutes sortes d'interrogations.

Le bruit court qu'il se livre à des observations scientifiques ou policières.

Les habitants hésitent entre se sentir flattés de cet intérêt, ou inquiets de cette surveillance anonyme.

Chacun s'attache à donner la meilleure image de soi. On soigne son comportement, ses mœurs, sa conduite automobile.

On remarque que de moins en moins de délits sont commis. Progressivement les relations humaines ont changé.

Il faudra plusieurs semaines pour qu'apparaisse la source de ce bouleversement collectif.

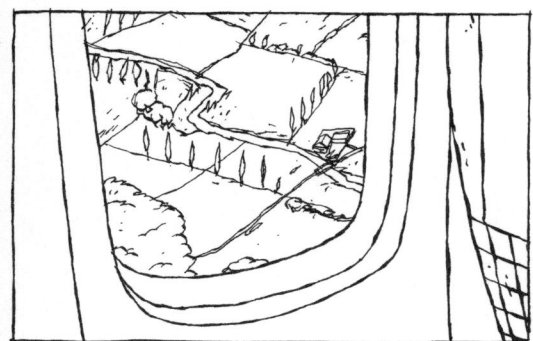

Vue d'avion, la terre renvoie des signes du ciel en un imagier trompeur.

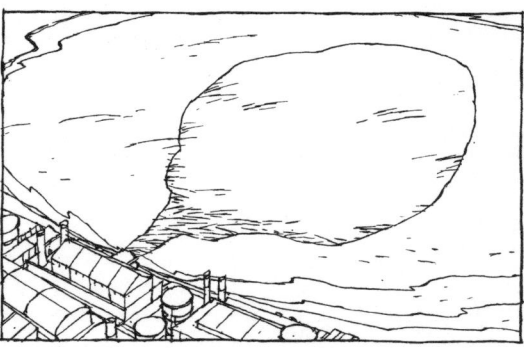

La nappe de rejet d'une usine gonfle à la surface de l'eau comme un ballon prêt à décoller.

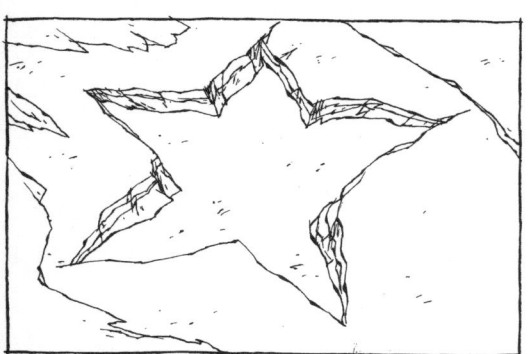

Un effondrement de terrain imite ce que serait l'empreinte d'une étoile de fantaisie tombée du ciel.

Une avalanche semble due à la collision d'un nuage contre la montagne.

Une clairière calcinée prend la forme d'un phénix qui projetterait sa propre ombre.

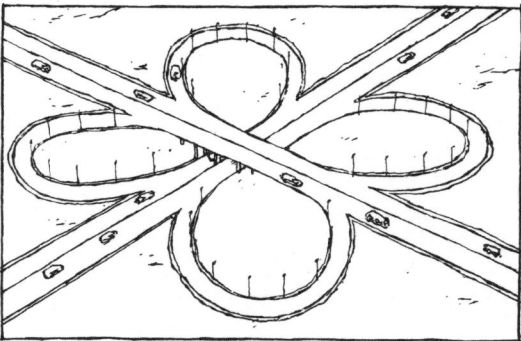

Des routes-rubans paraissent emballer la planète, cadeau piégé destiné à d'éventuels envahisseurs.

Un des plus petits zoos du monde se trouve dans un local professionnel d'un immeuble moderne.

La partie ouverte au public occupe une seule pièce où sont disposées des enfilades de microscopes.

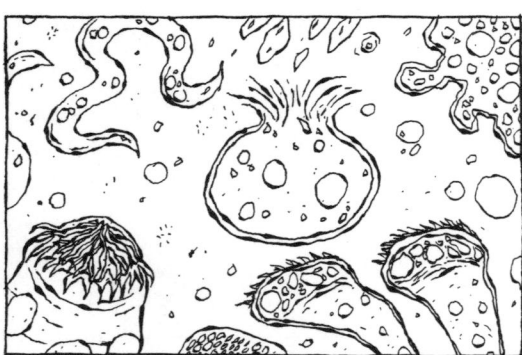
On peut y observer les plus beaux spécimens d'aphidiens, vers parasites, amibes, rotifères, acariens, ainsi que divers virus et bactéries remarquables.

La captivité ne semble engendrer aucun stress ni neurasthénie chez les créatures qui se reproduisent sans problème.

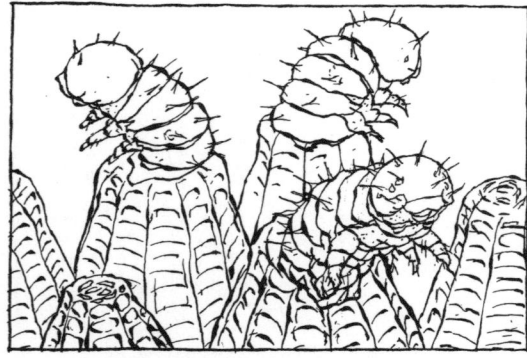
La touchante éclosion des larves attire toujours plus particulièrement le regard des enfants.

Un seul gardien veille sur cette ménagerie. Son état grippal indique qu'il entretient des liens intimes avec certains pensionnaires.

Sur mon chemin, je remarque une image que je ramasse. Il s'agit d'une reproduction de tableau.

Je me rends compte qu'un chapelet d'autres feuilles jonche le sol. Je me mets à suivre cette trace.

Je trouve des papiers de tous genres: un billet de concert, une photo, un plan de maison, une page de livre, une notice, un faire-part.

Qui a pu semer cet herbier des villes?

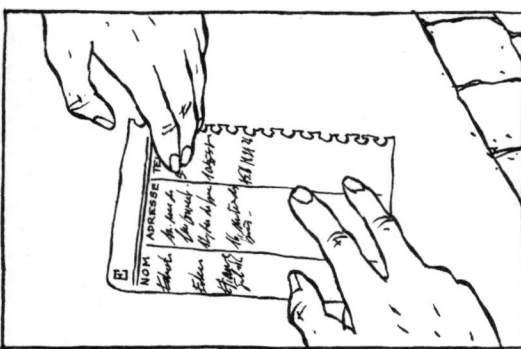
Au moment où je vais récolter un nouveau document, quelqu'un s'apprête à en faire de même.

Un curieux a lui aussi suivi la chaîne, mais dans le sens inverse.

Sur la place publique, la foule du dimanche s'agglutine autour des orateurs.

Elle circule de l'un à l'autre qui capte plus ou moins longtemps son intérêt.

Prédicateurs, militants politiques, poètes, acteurs, il y en a pour tous les goûts.

Les discours se télescopent, les concepts et les thèses se confrontent.

Lorsque la pluie amène son grain de sel, elle range rapidement la foule à ses arguments.

Les orateurs restent cloués sur leur socle. Le quitter en premier serait admettre l'infériorité de ses convictions.

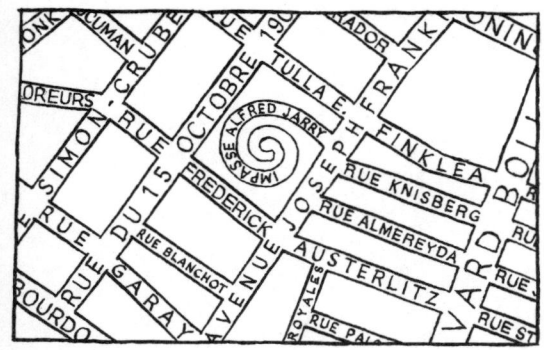
Sur le plan de la ville, une rue se distingue par sa forme insolite.

Une excursion s'impose.

La rue est étrangement déserte. Aucune vie ne filtre des habitations.

J'avance dans cette spirale. Elle m'apparaît comme un coquillage silencieux perdu au milieu de la ville.

Au bout se trouve la seule boutique de l'impasse. Est-elle abandonnée ou provisoirement fermée ?

Sur la porte d'entrée, d'immobiles cadrans semblent attester avec ironie de la suspension du temps.

D'un été à l'autre, une mode s'est imposée parmi les vacanciers d'une station balnéaire.

Chacun arbore avec fierté ses goûts et ses dégoûts.

Les personnalités se réduisent à ces références et les convenances sociales restent au vestiaire.

Des rapprochements plus ou moins évidents se font et des paradoxes se révèlent.

L'usage est tellement répandu que le réfractaire passe pour un triste misanthrope.

Hors saison, la validité du système tend à être faussée par les habitués de la récupération.

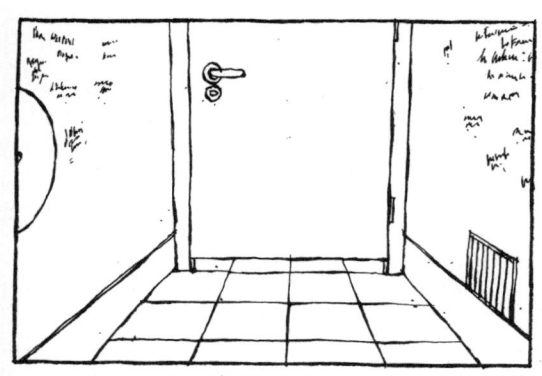

Au musée d'art moderne, les esthètes ne manquent pas d'investir les lieux d'aisance.

Chaque jour de la semaine, on y voit évoluer une chaîne de libre expression.

L'espace d'un moment, l'esprit, repu de contemplation, est disponible pour livrer le meilleur de lui-même.

On pourrait croire que des grands penseurs en personne nous ont précédés ici-même.

Pensées spontanées ou citations érudites, le niveau est d'une haute inspiration.

Il en est ainsi jusqu'au jour de visite des groupes scolaires.

Le premier que je vis attira à peine mon attention.

J'en remarquai vite d'autres. Il ne s'agissait sûrement pas d'une coïncidence.

À ma connaissance, nous n'étions pas le jour d'une fête particulière.

S'agissait-il d'un canular ou d'une opération publicitaire ?

L'explication m'apparut bientôt en la personne d'un joyeux philanthrope.

Le soir, on aurait pu se demander quel cortège était passé par là.

Quelques objets perdus sur le chemin d'un clochard...

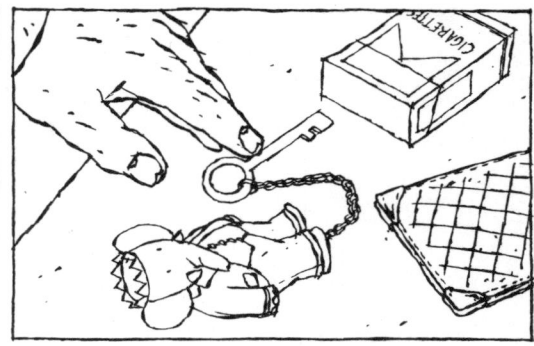

Il ne ramasse que le porte-clés, ignorant le reste du butin potentiel.

Il détache la figurine et ajoute la clé à un impressionnant trousseau.

Il en a en fait toute une collection qui lui forme comme une cotte de maille.

On pourrait croire qu'il détient les clés de la ville, et qu'aucune porte n'est censée l'arrêter.

Certains étourdis tentent leur chance auprès de cet homme-porte-clés qui se révèle un concierge acariâtre.

Les petites annonces peuvent être le départ de visites touristiques inattendues et désintéressées.

J'ai ainsi commencé par découvrir de simples studios plus ou moins louches.

Je suis passé ensuite à des appartements plus importants aux loyers conséquents.

Dans des quartiers enviables, je suis allé de lofts classieux en sept-pièces labyrinthiques.

Des cadres de vie inaccessibles se livrent sans mandat de perquisition.

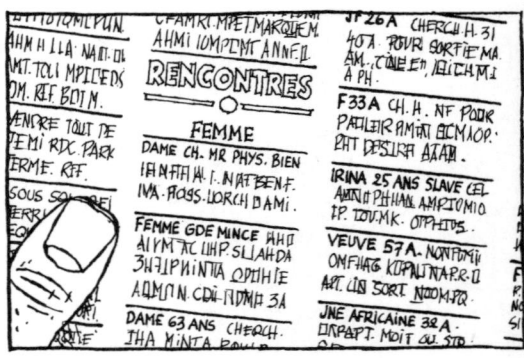
Bien d'autres champs d'exploration pourraient encore être exploités.

Les touristes et les habitués ont embarqué sur la navette entre le continent et l'île.

Seul un personnage anachronique a choisi de passer la traversée à l'intérieur.

Les autres passagers préfèrent rester sur le pont, se promenant d'un bord à l'autre.

Ils peuvent découvrir que des petits papiers couvrent une cloison comme autant d'écailles de poisson.

C'est un "mur de poèmes", tous écrits de la même main. Qui prend le temps de les déchiffrer?

Au moment du débarquement, le petit homme punaise discrètement un énième petit papier.

Les habitants ont déserté leur village inondé par la crue.

Une fumée de cheminée fait place à des oiseaux chassés de leur soupente.

La montée des eaux fait d'un cerisier le lieu d'un combat inédit.

Au cimetière, une vierge semble marcher miraculeusement autour de nénuphars mortuaires.

Aucune purification à attendre de cette eau sans reflet. Le déluge sera pour une autre fois.

Quels messages dans ces bouteilles emportées par le courant ?

Une colonne humaine progresse dans une grande artère de la ville.

Au coude à coude, des manifestants brandissent pancartes et banderoles.

Les slogans et les cris s'entremèlent en une clameur confuse.

Les causes défendues sont toutes différentes voire opposées.

Le défilé se déroule sans débordement bien qu'aucun service d'ordre ne l'encadre.

On ne trouve pas non plus de passants sur le trajet, ni de curieux aux fenêtres.

Le jardin public offre matière à réflexion pour un esprit disponible.

Jouant dans les bacs à sable, on y trouve des enfants, éternel sujet d'étonnement.

Leurs jouets attirent particulièrement l'attention.

C'est un mélange hétéroclite de véhicules miniatures et de figurines variées qui forment un seul univers.

Les différences de nature et d'échelle ne semblent pas les gêner.

Un observateur pertinent en tirerait sûrement un enseignement significatif.

Un défilé continu de camions apporte à l'usine ses matières premières.

La chaîne de fabrication ne s'arrête jamais. De l'extérieur, elle laisse transpirer sa bouillante activité.

Les turbines de la centrale énergétique vrombissent à un volume sonore assourdissant.

L'épaisse fumée des incinérateurs se mêle aux émissions de vapeur du système hydraulique.

Près des bouches de ventilation aux effluves suffocantes, les réservoirs déversent leurs déchets à un débit implacable.

En fin de ligne, d'autres camions partent livrer la fleur de la production.

Un ami habite près d'un commerce qui change de locataire tous les ans.

Il fréquente assidûment le local et se passionne à chaque fois pour son activité.

L'année durant laquelle la boutique est investie par un service de restauration rapide, il prend 12 kilos.

L'arrivée de l'association des Alcooliques Anonymes coïncide avec la période où il se laisse aller avec la boisson.

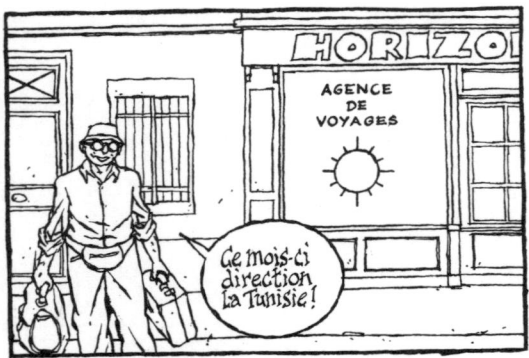

L'installation d'une agence de voyages vient à point pour lui redonner goût à la vie.

Depuis que le local ne trouve pas de repreneur, mon ami reste cloîtré dans sa déprime.

Depuis mon poste d'observation je vois un homme qui s'affaire. Il semble creuser un trou.

Cherche-t-il un trésor ? Perce-t-il un tunnel ? Creuse-t-il sa tombe ou veut-il détruire la boule qu'il a découverte sous ses pieds ?

Sa position d'appui m'intrigue. En rajustant sa tenue de manche il obtiendrait une cadence plus performante.

Parfois il s'arrête un instant : sûrement la fatigue.

De temps à autre, il lance un regard vers ici. Je lui adresse alors un signe d'amical encouragement.

Il reprend alors son activité, assuré d'un regain de force.

Dans un village se côtoient deux églises apparemment identiques.

On pourrait les croire dupliquées par erreur par quelque ordinateur céleste.

J'entre dans l'une d'elles où s'affaire monsieur le curé.

Je l'interroge en vain sur l'origine de ce doublet architectural.

L'intérieur de l'autre église est en tous points semblable.

Le curé qui s'y trouve ne m'éclaire pas davantage.

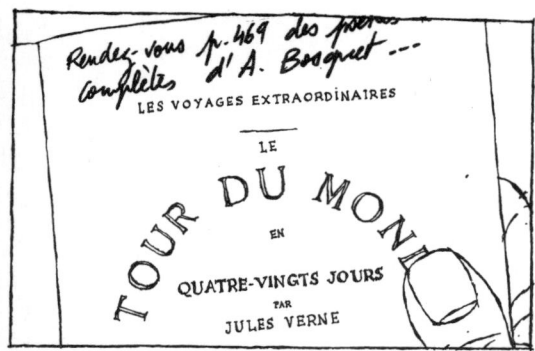
Une phrase manuscrite pirate la marge d'un livre de la bibliothèque municipale.

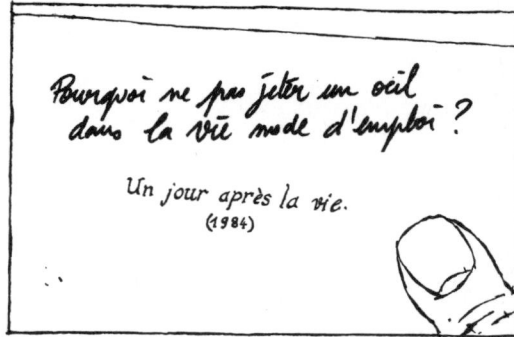
Une curiosité et une politesse élémentaires commandent de suivre la proposition. Elle envoie à son tour à un autre ouvrage.

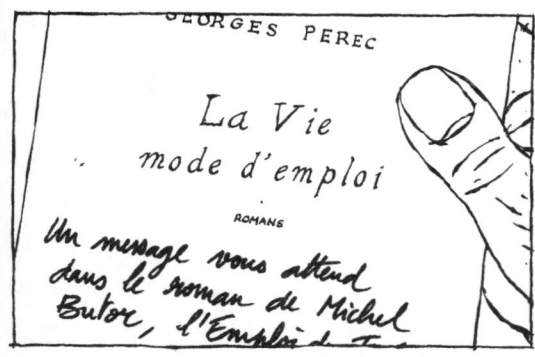
Le troisième livre est annoté par la même main inconnue. Un jeu de piste se dessine.

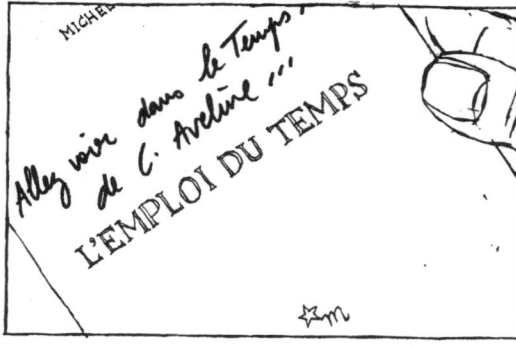
Une logique apparaît peu à peu.

Quel va être le but de cette balade ? Un rendez-vous hors des pages ?

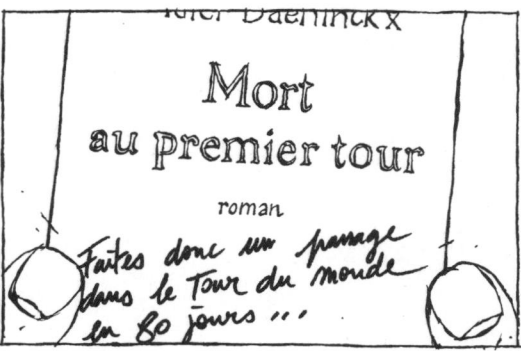
La boucle est bouclée.

Dans un immeuble de banlieue se niche une collection clandestine que l'on peut visiter par relations.

De ses voyages, un routard maniaque n'a pas ramené de photos-souvenirs, mais presque les lieux eux-mêmes.

Le voleur de grand chemin a accumulé panneaux indicateurs, plaques de rues et enseignes diverses.

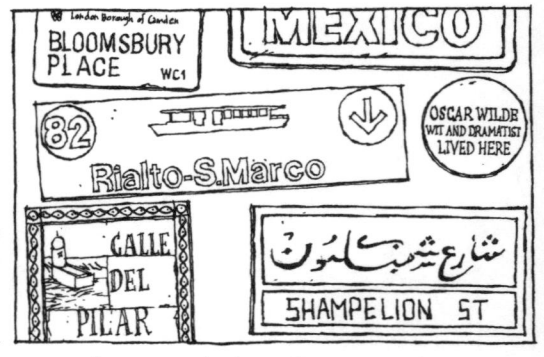
S'il sévissait dans les magasins n'emporterait-il que les étiquettes?

Sur le balcon, une table d'orientation est sûrement le clou de la collection.

Déboussolée, la chaîne de l'Himalaya semble se chercher en vain.

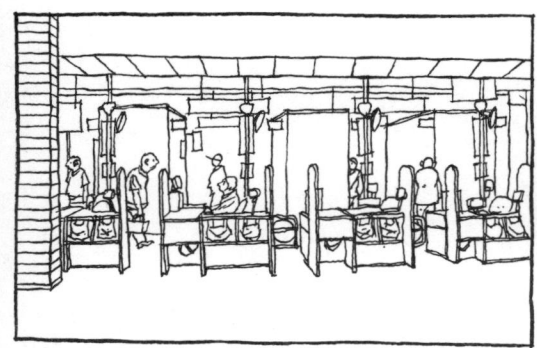
Sorte d'état dans l'état, le supermarché constitue un but de voyage facile d'accès.

La frontière se passe sans passeport mais, si possible, avec un portefeuille plein et un bagage vide.

Le visiteur se doit d'accorder autant d'attention aux curiosités locales qu'aux œuvres d'un musée.

Comme à l'étranger persiste le sentiment de ne pas être chez soi, la peur d'enfreindre les usages.

Une sensation de bien-être peut surgir parfois, au détour du rafraîchissant rayon des surgelés par exemple.

Mais globalement, le touriste reste un élément suspect, peu goûté des forces de l'ordre.

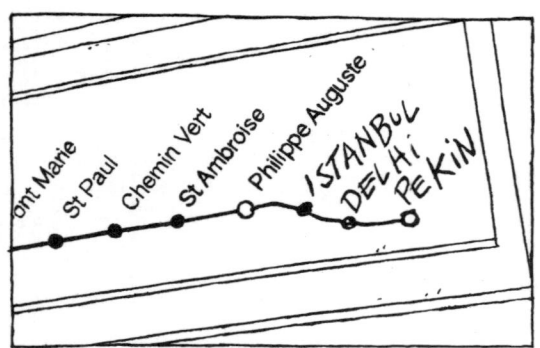
Une main facétieuse a ajouté une touche exotique à la ligne de métro.

Faisant écho à ce trajet supplémentaire, trois voyageurs se sont assis en face de moi.

Ont-ils un lien autre que leur exotisme ?

Je décide de prolonger mon voyage jusqu'au terminus.

Je me suis endormi en chemin. À mon réveil la rame est déjà repartie dans l'autre sens.

Il ne me semble pas avoir dormi plusieurs jours. Cette impression aussi me déçoit.

Dans une petite ville de province se trouve un musée qu'aucun guide n'indique.

On peut y rencontrer monsieur Laborie qui consacre sa maison à sa propre histoire.

Une pièce du rez-de-chaussée évoque ses jeunes années, de sa première dent à son dernier cartable.

Une autre salle retrace les grandes étapes du passage à l'âge mûr. Les souvenirs et les anecdotes abondent.

Les albums-photo sont en consultation libre. Le commentaire est riche et passionné.

En fin de visite, madame propose toutes sortes de souvenirs. Je craque pour un fac-similé de leur contrat de mariage.

Cet homme n'est certainement pas le retraité paisible et inactif qu'il semble incarner.

Son port de tête et son expression volontaire trahissent l'âme d'un décideur avide de responsabilités.

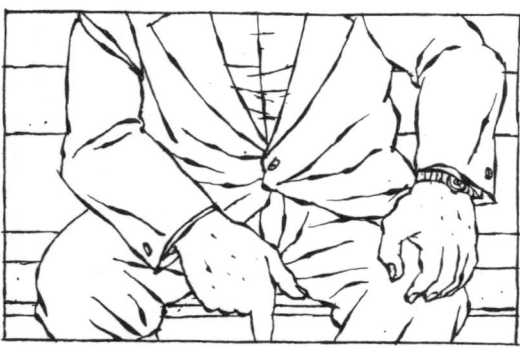

La position de ses mains indique à coup sûr un besoin constant d'affirmer son autorité.

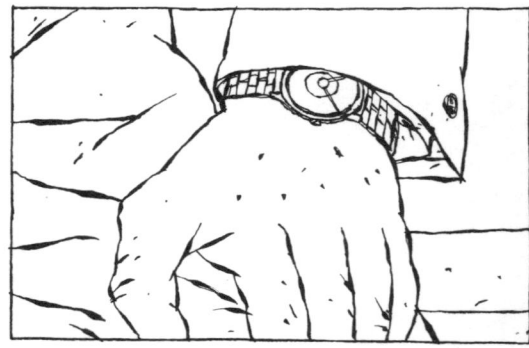

Sa montre est un modèle exclusif offert par une société d'exportation japonaise à ses clients internationaux.

Ses chaussures ne se trouvent que dans une boutique new-yorkaise du quartier de Wall Street.

Un minimum d'observation permet souvent de casser l'apparence des êtres.

Dans la galerie commerciale, un homme livre un combat contre lui-même, contre le temps et contre la raison.

Depuis huit jours, il n'a pas cessé de manger. Là est son défi qu'un huissier contrôle en permanence.

Les clients apportent des victuailles en offrande à cette idole de la consommation.

Grâce à son trône aménagé en lieu d'aisance le mangeur n'aura pas à se lever durant sa performance.

Dans un demi-sommeil, il continue de machouiller et d'avaler mécaniquement.

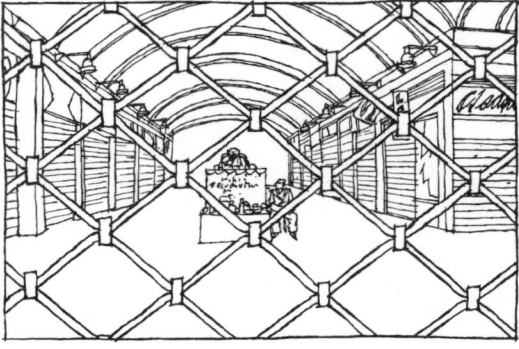
Pour la nuit, l'huissier et son client se laissent enfermer en compagnie d'un vigile et de son chien.

Dans le métro, l'anonymat et l'absence de communication sont à leur comble.

Toutefois, un homme impassible présente une faille qui laisse entrevoir des parcelles d'intimité.

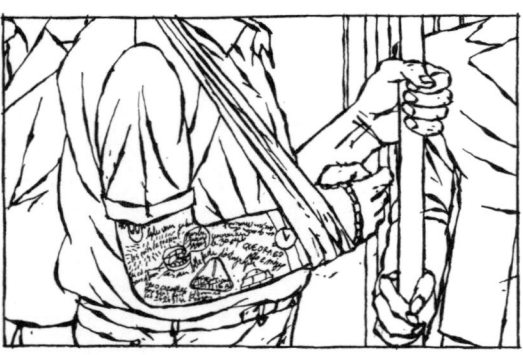

Il a un bras cassé, et, comme de coutume, son plâtre est couvert d'inscriptions.

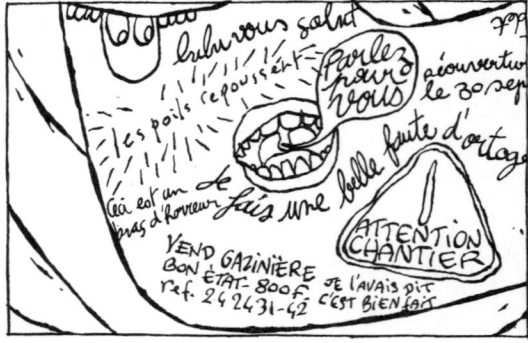

Au lieu de recevoir les traditionnels messages d'affection, il a servi de terrain de jeu pseudo-picabien.

Une seule phrase est écrite, dans l'autre sens, peut-être par le blessé lui-même à cours de papier.

Je n'ose pas pousser l'indiscrétion jusqu'à pencher la tête pour la déchiffrer.

On peut, sur une place touristique de la ville, se faire portraiturer par toutes sortes de caricaturistes.

L'un d'eux s'est singularisé par sa spécialité.

On se laisse dessiner comme on irait consulter une voyante.

L'artiste saisit les traits qui se creuseront, les mèches qui tomberont et les peaux qui s'affaisseront.

Plus que les caricatures classiques ces portraits d'anticipation provoquent amusement, perplexité, ou traumatisme.

Si l'attraction est originale, la clientèle n'est pas toujours facile à convaincre.

Une ville touristique tombée en disgrâce propose une brochure périmée aux rares voyageurs de passage.

Les lieux ont tellement changé qu'un guide de n'importe quelle ville aurait aussi peu fait l'affaire.

Par nostalgie ou par fierté, on continue de vendre ce guide comme s'il pouvait faire illusion.

Face aux images de la prospérité passée, la visite n'en est que plus désolante.

On trouve aussi des cartes postales d'un autre temps qui paraissent moins défraîchies que la réalité.

Ici où là, la ville laisse entrevoir un improbable espoir de ne pas rester définitivement hors-saison.